APPEL A LA BIENFAISANCE

OU

COMPTE-RENDU DU PROCÈS

DE

M. LE PRINCE DE MONTMORENCY-ROBECQ,

DEVANT LA COUR D'ASSISES DE PARIS;

Par M. Aug. JOHANET.

PRIX : 50 CENTIMES.

« Comme je crois qu'il n'est au pouvoir de personne
» de tuer la charité, je profite de cette circonstance pour
» faire ici un appel à la générosité de ceux qui ont bien
» voulu associer leurs efforts aux nôtres, et je ne doute
» pas que cet appel ne soit entendu.... oui je le répète,
» je fais ici un appel qui sera, j'en suis sûr entendu. »

(Paroles de M. le prince de Montmorency-Robecq,
à la cour d'assises de la Seine, 21 octobre 1844.)

A PARIS,

AUX BUREAUX DE *LA FRANCE*,

RUE DES FILLES-SAINT-THOMAS, 1.

1844

APPEL

A LA BIENFAISANCE.

Depuis six mois l'attention publique s'est vivement préoccupée d'un procès auquel, dès l'origine, le pouvoir s'est plu à prêter toutes les apparences du complot, qu'il a voulu accabler de toutes les suspicions et de toutes ses rigueurs. On se rappelle les visites domiciliaires dont furent soudain victimes M. le prince de Montmorency-Robecq, chez lequel, en son absence, on ne respecta pas même un paquet de papiers portant cette suscription : « A brûler, après ma mort. » M. le duc des Cars, M. le chevalier de Lespinois, trésorier de l'Œuvre Charitable de Saint-Louis, et surtout M. Charbonnier de La Guesnerie, qui, enlevé de son hôtel fouillé de fond en comble par des magistrats, était conduit en prison à Paris, où son appartement avait été aussi l'objet de recherches excessivement sévères. On étendit les visites domiciliaires jusque dans le Nord, on a envani la maison de la premièr, nourrice de Henri de France, celles de M. et Mme Bayart de Witte de M. Jean-Baptiste Delobel, père de l'un des pélerins de *Belgrave-Square* et l'un des fabricans les plus considérés de Tourcoing, furent en butte à ces déplorables vexations.

Les journaux ministériels répandirent alors de terribles calomnies contre ces honorables personnages, et prétendirent que leur générosité soudoyant l'embauchage, avait excité des soldats à s'armer contre l'ordre et la liberté publics. Or, cette énorme imputation n'avait d'autre base que les propos échangés entre deux pauvres anciens pensionnaires de la liste civile d'avant 1830, et quatre soldats du génie, qui avaient rivalisé avec eux de bavardage incohérent, d'ivresse surtout, et de démonstrations d'amitié à la suite desquelles ils crurent devoir dénoncer ces malheureux, punis en ce moment par trois ans de prison, de leur trop confiante loquacité.

Ce procès eut lieu devant la cour d'assises de la Seine le 29 août dernier ; mais le jury se hâta de réhabiliter la charité que, dans la personne de MM. Charbonnier de la Guesnerie et de Lespinois, on représentait comme éminemment séditieuse et ennemie du pays ; l'Œuvre de Saint-Louis sortit triomphalement du ces violentes attaques, et ses immenses bienfaits reçurent la précieuse sanction et l'hommage solennel d'un verdict consciencieux. Les registres de l'Œuvre saisis par la justice furent comme autant d'armes qui se retournèrent d'elles-mêmes contre eeux dont l'unique but était d'en frapper leurs adversaires ; aussi MM. Berryer et Alexis Fontaine n'eurent-ils qu'à les codsulter, à les lire, pour pulvériser les argumens multipliés du ministère public.

Cependant une circonstance inouïe était intervenue. Tandis que les mêmes visites domiciliaires et les mêmes imputations avaient atteint MM. Charbonnier de la Guesnerie, de Lespinois et de Montmorency-Robecq, les deux premiers seuls avaient été tour à tour conduits par les rues à la Conciergerie, *les mains liées avec une chaînette* (1), mis eu secret absolu, logés dans un lieu humide et infect, et traduits devant le jury, M. de Montmorency restait seul sous le coup d'une mesure qui traînait en longueur, et semblait prendre à tâche de le dévouer à des juges de la part desquels on espérait, probablement, une compensation à l'acquittement de ses deux amis. Les auteurs de ce procès avaient d'ailleurs, tant dans les dépositions des témoins que par le réquisitoire de M. le substitut de Thorigny, eu soin de répéter souvent le nom de M. le prince de Robecq, que dès ce moment, et en son absence, on s'efforçait de désigner comme le principal fondateur de l'Œuvre de Saint-Louis, habituée, ditait-on, à fomenter les mauvaises passions politiques.

Cette pensée étrange se révéla spécialement dans l'acte d'accusation étalé le lendemain de l'acquittement dans les journaux ministériels et judiciaires. L'étonnement, la douleur et l'indignation chez les gens de bien de n'importe qu'elle opinion, se manifesteront hautement à l'aspect de ces monstrueux abus de pouvoir, qui après avoir admis l'œil louche de la police à l'examen des papiers les plus intimes de la famille, livrait effrontément à la prévention des partis, à la malignité publique, un amas de récriminations résultant de lettres tronquées, de phrases extraites à dessein des correspondances privées, confidentielles, de personnages qui n'étaient pas en cause et qu'on s'était bien gardé d'y appeler, sans doute parce que leurs explications franches, sincères, eussent immédiatement enlevé tout prétexte à une malveillante interprétation. Ainsi, on les a traduits à la barre du public, dans les journaux, dans des discours judiciaires, et on n'a osé les inviter ni comme accusés, ni même comme témoins, à un débat contradictoire ! ! ! A l'audience, on commentait contre M. de la Guesnerie, les lettres de sa femme, alors que la pudeur de la loi n'a pas voulu qu'une épouse put être jamais appelée contre son mari ; dans la presse dynastique on ne craignait pas d'accuser sans les entendre, et de les accuser après un acquittement de leurs prétendus complices, des hommes qui, d'un seul mot, eussent fermé la bouche à ceux dont la haine inique dénaturait leurs habitudes, leurs sentimens. Heureusement la voix publique s'éleva contre ces affligeantes combinaisons, employées sous le manteau de ce qu'il a de plus respectable au monde, la justice. Deux mois se passèrent sans que le jour du jugement vint pour M. le prince de Montmenrency, et cependant il était cité à la fois devant la cour d'assises pour répondre à une accusation de *vente et distribution d'emblèmes ayant pour but d'exciter à la séditions et de troubler la paix publique*, puis devant la police correctionnelle, à une accusation de distribution

____

(1) Paroles textuelles de M. Martin (du Nord), ministre de la justice. Séance du 18 juillet 1844.

et de vente sans autorisation et sans dépôt préalables. C'étaient le drame et la petite pièce, pour le dénouement desquels on attendait une double condamnation.

Le ministère public (et, cette fois, M. de Thorigny, encore écrasé de sa première défaite, a cédé sa place à son collègue M. Glandaz) avait eu le temps d'approvisionner son arsenal et de forger ses foudres. Aussi, le vit-on simultanément présenter aux yeux du jury, symétriquement rangés sur une table el sur les marches du tribunal, une cinquantaine de bustes de diverses grandeurs, reproduisant les nobles traits de Henri de France, puis ressasser tous les argumens usés, toutes les phrases banales du répertoire déjà bien vieilli du parquet, en matière politique.

M. le prince de Montmorency, lui, avait une attitude calme, fière, digne, comme celle de la charité qu'il personnifiait, et en outre comme celle du prince qui, dans l'exil, avait inspiré au cœur élevé et au talent distingué de M. le comte Emilien de Niewkerke, la pensée de faire un buste destiné à devenir nn touchant et infaillible moyen de soulagement pour les infortunes royalistes. L'art avait travaillé pour la bienfaisance, et il avait bientôt trouvé un complice dans M. de Montmorency, qui, fidèle aux traditions de sa famille, ne cesse de se préoccuper de bonnes œuvres, quand le malheur des temps a condamné son épée à l'inaction.

Ce procès, intenté à la Charité, devint l'objet de l'intérêt général, et le nom de M. de Montmorency, défendu par Mᵉ Berryer, était dans toutes les bouches, en même temps que celui de l'Œuvre de Saint-Louis, dont les salutaires travaux sont encore interrompus par la saisie faite de tous ses registres. L'auditoire était des plus nombreux, et bientôt les débats l'initièrent à tous ces mystères de générosité intime, discrète, qui fut obligée de rendre compte de sa correspondance amicale avec un de ses honorables auxiliaires, auquel on donnait le nom d'*agent secret*, de sa comptabilité au crayon, qui mentionnait les sommes reçues, l'emploi des fonds, et les noms des bienfaiteurs; en un mot, de toutes ces pensées, et qui, mieux est, de tous ces actes utiles aux malheureux, dont le noble coupable était si loin de s'attendre à voir la justice et le public discuter les intentions, et jusqu'aux termes. Et voilà le revenant-bon des révolutions pour certains hommes! On les appelle agitateurs, conspirateurs, on viole leur domicile, on les traduit en jugement sous le coup des plus graves menaces, et le jury les proclame, au nom de la loi, des citoyens dignes du respect, de la reconnaissance de tous! Et le jury, en voyant les traits augustes d'un exilé servir d'heureux prétexte à l'aumône, en entendant l'énumération des abondans secours que chaque jour prodigue sa famille, se sent ému, et remercie le pouvoir de l'avoir mis à même de connaître en détail ce qu'il ignorait en grande partie, et de saluer par son verdict les dignes représentans de celui qui, de la terre étrangère, ne cesse de venir en aide en France à toutes les calamités publiques, comme à toutes les misères particulières de France!...

C'est donc pour payer un hommage mérité au jury qui a été, en cette circonstance, le juste interprète des sentimens français, que ce compte-rendu a été publié ; c'est aussi pour répondre à l'appel que M. le prince de Montmorency-Robecq a fait à la bienfaisance des royalistes. Ce double but sera compris par tous les amis de la Vérité, de la Justice et de la Charité.

Le peuple relira avec intérêt ces débats, car il sait depuis long-temps que M. le prince de Montmorency-Robecq et ses amis consacrent leur vie à exciter les royalistes au mépris de toutes les injures de leurs ennemis, à la haine de l'égoïsme, de la cupidité, et à conspirer contre l'indigence, contre la maladie, contre la faim de tous les pauvres, à *panser*, suivant sa belle expression, *les plaies des blessés restés sur le champ de bataille.*

Cour d'Assises de la Seine.

Audience du 21 octobre.

PRÉSIDENCE DE M. ZANGIACOMI.

Affaire de M. de Montmorency, prince de Robecq.—Mise en vente du buste de M. le comte de Chambord.

Cette affaire, depuis long-temps annoncée, avait attiré à la cour d'assises une foule considérable, et dans cette foule dominait le sentiment d'un noble pair, qui, dans une discussion récente, reprochait au gouvernement d'avoir traduit un Montmorency sur les bancs de la cour d'assises.

M. le prince de Robecq avait pour défenseur M. Berryer.

Voici les termes de l'arrêt de renvoi :

M. de Montmorency, prince de Robecq, a été impliqué dans une procédure criminelle dirigée contre les nommés Cauchard, Toutain, de Lespinois et autres. Une perquisition à son domicile, situé à Paris, rue de la Planche, 7, ayant paru nécessaire, le juge chargé de l'instruction a, par ordonnance du 22 juin dernier, délégué l'un des commissaires de police de Paris pour faire cette opération. Il y a été procédé le lendemain, en l'absence du prince de Robecq, mais en présence du comte de Brissac, son beau-frère.

Les recherches ont amené la découverte au rez-de-chaussée de l'hôtel, d'un atelier de moulage, ou, indépendamment de divers ustensiles et objets propres à la fabrication, il a été saisi deux grands moules et cinq petits moules en plâtre, à l'effigie du duc de Bordeaux, deux moules de petits bras, un buste en bronze, petit modèle, quatre bustes grand modèle et dix-sept petits bustes, tout à l'effigie du même prince. Un grand et un petit bustes semblables ont été trouvés dans la salle de billard, deux autres bustes pareils grand modèle en plâtre et un moule ont été découverts dans une bibliothèque dépendant de l'appartement du duc de Montmorency, qui occupe le même hôtel, mais qui est absent de Paris depuis plusieurs années.

Des pièces nombreuses ont été saisies, les unes se rattachant à une autre procédure encore en voie d'instruction, les autres, au nombre de 18, concernant spécialement la fabrication et la vente faites pour le compte du prince de Montmorency, des bustes du duc de Bordeaux. Ce sont des quittances données par le fondeur et le mouleur qui ont fourni les modèles et les épreuves, des listes de souscriptions, trois registres contenant les noms des souscripteurs, trois lettres signées Cyprien Bouteloup, et enfin deux notes au crayon de la main du prince de Robecq, et relatives à la comptabilité de ses opérations de 1841 à 1844. Il en résulterait que le montant des souscriptions et des ventes serait allé à 11,300 fr.

Les ustensiles, les moules et les bustes ont été déposés au greffe du tribunal de première instance de la Seine, et le vingt-sept juin dernier, le juge d'instruction en a opéré la saisie. Une procédure a été dirigée contre le prince de Robecq, comme inculpé : 1° de distribution et mise en vente de signes et de symboles destinés à propager l'esprit de rébellion et à troubler la paix publique ; 2° de publication et mise en vente d'emblême sans autorisation préalable. Dans son interrogatoire, le prince de Robecq est convenu avoir distribué le buste du duc de Bordeaux, en avoir vendu à ceux de ses amis qui lui en demandaient ; il a ajouté que le bénéfice était appliqué à une bonne œuvre ; il a reconnu avoir chargé Cyprien Bouteloup de le prévenir lorsque quelqu'un de ses amis désirerait avoir de ses bustes ; enfin il a déclaré bien comprendre le mot *buste*, mais ne savoir quelle pouvait être la signification du mot *emblême*, dans cette circonstance.

Sur le réquisitoire du procureur du roi, en date du 5 juillet présent mois, la première chambre du tribunal de première instance de la Seine a, par ordonnance du 9 dudit mois, maintenu la saisie opérée le 27 juin précédent, et ordonné que les pièces seraient transmises à M. le procureur-général pour être procédé ainsi qu'il appartiendrait contre le prince de Robecq, sur l'inculpation d'avoir, en 1841, 1842, 1843 et 1844, distribué et mis en vente des signes et symboles destinés à propager l'esprit de rébellion et à troubler la paix publique, délit prévu par les art. 1er de la loi du 17 mai 1819 et 9 de la loi du 25 mars 1822.

Le tribunal a également ordonné que le prince de Robecq serait traduit devant le tribunal de police correctionnelle pour y être jugé sur l'inculpation d'avoir, à la même époque, mis en vente des bustes à l'effigie du duc de Bordeaux sans l'autorisation préalable du ministre de l'intérieur, délit prévu par l'article 20 de la loi du 9 septembre 1835.

La cour, après en avoir délibéré :

Attendu qu'il résulte de l'instruction charges suffisantes contre Anne-Gaston-Christian-Marie de Montmorency, prince de Robecq, d'avoir, en 1841, 1842, 1843 et 1844, distribué et mis en vente des signes ou symboles destinés à propager l'esprit de rébellion ou à troubler la paix publique, délit prévu par les art. 9 de la loi du 25 mars 1822, 1er de la loi du 17 mai 1819, et 26 de la loi du 26 mai 1819.

Vu la loi du 8 octobre 1830, maintient la saisie opérée le 27 juin dernier ; renvoie Anne-Gaston-Christian-Marie de Montmorency, prince de Robecq, devant la cour d'assises du département de la Seine, pour y être jugé conformément à la loi. Sans préjudice aux autres poursuites énoncées en ladite ordonnance.

M. le président interroge l'accusé.

M. le président. — Prévenu, quels sont vos noms, prénoms, âge, profession et demeure?

Le prévenu. — Anne-Gaston-Christian-Marie de Montmorency, prince de Robecq, âgé de 23 ans, demeurant à Paris, rue de la Planche, 7.

M. le président. — Une perquisition a été faite à votre domicile, à l'occasion d'une première affaire dans laquelle étaient impliqués MM. Charbonnier de la Guesnerie, de Lespinois et autres. Une ordonnance de non lieu est intervenue à votre profit dans cette affaire; mais la perquisition a amené la saisie d'un grand nombre de bustes du duc de Bordeaux. Aujourd'hui, vous êtes appelé à rendre compte à la justice de la possession de ces bustes. Reconnaissez-vous qu'ils ont été trouvés chez vous?

M. le prince de Robecq. — Oui, monsieur.

M. le président.—Est-ce par vos soins qu'ils ont été moulés et fondus?

M. le prince de Robecq. — Je vous demande pardon; ils ont été moulés par mes soins; mais c'est l'artiste qui s'est mis lui-même en rapport avec le fondeur.

M. le président. — A quelle époque ça eu lieu la confection de ces bustes ?

M. le prince de Robecq. — En 1840 et 1841.

M. le président. — Ainsi, depuis cette époque, ils ont été distribués?

M. le prince de Robecq. — Oui, monsieur.

M. le président. — Par qui?

M. le prince de Robecq.—Par moi.

M. le président. — Par vous et par d'autres personnes encore.

M. le prince de Robecq. — Oui, pendant mes voyages, j'avais chargé plusieurs personnes de s'occuper de cette affaire.

M. le président. — Parmi ces personnes dont vous parlez, il y avait un sieur Bouteloup?

M. le prince de Robecq.—Oui, monsieur. Il m'écrivait quand on désirait un buste et je me chargeais de le transmettre.

M. le président.—Pourquoi ne l'avez-vous pas d'abord déclaré?

M. le prince de Robecq. — Je n'ai pas cru devoir agir ainsi, et cela, dans la crainte d'attirer sur lui les persécutions de la justice.

M. le président.—Je ferai observer à M. le prince de Robecq qu'on ne peut pas appeler des persécutions les poursuites de la justice.

M. le prince de Robecq.— Enfin, je craignais de compromettre sa liberté.

M. le président. — Ce sieur Boudeloup n'était certes pas un de vos amis, c'était un homme spécialement chargé de l'emploi de distribuer et de vendre les bustes.

M. le prince de Robecq.— Je vous demande pardon, M. Bouteloup n'était pas spécialement chargé de la distribution des bustes de M. le comte de Chambord... Je vous l'atteste... Ma parole, je crois, doit vous suffire.

M. le président.—Nul doute que votre parole doive suffire, mais vous êtes prévenu, et lorsque des témoignages viennent contredire vos assertions, la justice ne peut s'y arrêter. Ainsi, il résulte de la correspondance qui a existé entre vous et Bouteloup, qu'il ne s'agissait pas de relations d'amitié. En effet, on voit qu'il se servait, entre autres termes, de ces mots : A expédier à... le buste est arrivé en morceaux... veillez aux expéditions... Ce n'est pas ainsi qu'écrirait un de vos amis qui vous rendrait un service. Ceci annonce qu'il y a eu distribution et vente,

M. le prince de Robecq.— Je ne puis admettre cela... tirez-en les inductions qu'il vous plaira.

M. le président. — Le ministère public fera ce qu'il jugera convenable. Maintenant je vais vous donner à examiner des pièces qui sont une espèce de compte-rendu...

Un juré. — A quelle époque étiez-vous en correspondance avec le sieur Bouteloup?

M. le président. — Tout-à-l'heure j'interrogerai là-dessus le prévenu. Maintenant je dois appeler l'attention de M. le prince de Robecq sur une pièce écrite au crayon, et qui commence par ces mots : « Recettes, souscriptions, » quelle était la nature de cette pièce ?

M. le prince de Robecq. — C'est un compte que je me rendais de l'argent qui me passait par les mains.

M. le président fait ici l'examen des registres saisis chez M. le prince de Robecq, lesquels registres ont trait à des recettes et à des dépenses. Reconnaissez-vous, ajoute M. le président, que ces recettes et ces dépenses avaient pour objet la vente du buste de M. le duc de Bordeaux ?

M. le prince de Robecq. — Elles n'avaient pas d'autre objet.

M. le président. — A quoi avez-vous employé le prix de cette vente.

M. le prince de Robecq. — A la souscription vendéenne : l'emploi est d'ailleurs suffisamment expliqué par le prospectus distribué chaque année.

M. le président. — Ainsi, vous prétendez que la distribution et la vente ont été faites dans le but de coopérer à une bonne œuvre.

M. le prince de Robecq. — Il n'y avait pas d'autre but.

M. le président. — Et que cela s'explique par le prospectus dont vous avez parlé.

M. le prince de Robecq. — Oui.

M. le président. — Mais ces fonds n'ont pas toujours reçu la même destination. Ils sont passés à l'association de l'Œuvre de Saint-Louis, qui est une sorte de caisse centrale.

M. le prince de Robecq. — L'association de l'Œuvre de Saint-Louis est une chose à part.

M. le président. — Cependant il existe un reçu de M. le duc des Cars d'une somme de 6,000 fr.; or, M. le duc des Cars est président, comme on le sait, de l'association de l'Œuvre de Saint-Louis.

M. le prince de Robecq. — Cette somme était destinée à la souscription vendéenne, pour laquelle la vente des bustes avait été faite.

M. le président. Cependant le programme annonce que l'association de l'Œuvre de St-Louis est devenue un centre commun, une institution unique où l'on doit s'adresser pour les besoins des royalistes pauvres ; ce qui ferait penser que la vente des bustes était destinée à la caisse de l'association.

M. le prince de Robecq. — Je le répète, les bustes ont été vendus pour les Vendéens, pour concourir à une bonne œuvre. L'association de St-Louis étant elle-même une association d'une bonne œuvre, les fonds devaient y aller naturellement ; on s'est réuni à elle...

M. le président. — Je vous ferai remarquer qu'il résulte des documens qu'il y avait deux destinations ; la souscription vendéenne et l'association de l'Œuvre de St-Louis.

M. le prince de Robecq. — J'ai déjà eu l'honneur de vous dire qu'on avait réuni la souscription vendéenne à l'association de St-Louis. Cette réunion a eu lieu en 1843, mais les fonds provenant de la vente des bustes n'appartenaient pas moins à la souscription vendéenne.

M. le président. — Quel est le but de l'association de l'Œuvre de St-Louis.

M. le prince de Robecq. — Le but, monsieur, est de venir au secours des personnes qui ont perdu leur fortune et leur emploi à la révolution de 1830.

M. le président. — Nous avons sous les yeux une lettre de M. le duc de Bordeaux, qui atteste la sollicitude de ce prince pour cette association, et le ministère public voit dans cette lettre un acte politique.

M. le prince de Robecq. — Cette lettre est noble et digne, et je ne vois pas comment elle impliquerait ici l'association de Saint-Louis.

M. le président donne lecture d'une autre lettre écrite en 1843, de laquelle il résulterait selon lui que l'association de l'OEuvre de Saint-Louis, fondée dans une pensée commune, dans la pensée de secourir tous les royalistes, était placée sous la protection de Mgr le duc de Bordeaux. Ainsi, ajoute M. le président après cette lecture, les deux lettres attestent savoir : la première qu'en 1843 l'association de l'OEuvre de Saint-Louis était un centre de souscription ; la deuxième que cette association était placée sous la protection du duc de Bordeaux. Le reconnaissez-vous ?

M. le prince de Robecq. — Oui, Monsieur. Il en était le premier souscripteur.

M. le président. — Ceci n'est pas sans intérêt, car l'Association devient un but politique. J'appelle à cet égard l'attention de MM. les jurés. Voici encore une lettre, et ici M. le duc de Bordeaux s'annonce hautement comme voulant aider l'Association de sa souscription. Cela complète cette pensée qu'il s'agissait d'un acte politique. Or, comme le produit de la vente des bustes a été versé dans la caisse de l'Association de Saint-Louis, le ministère public voit dans ce fait la preuve d'un esprit de rébellion et l'intention de troubler la paix publique.

M. le prince de Robecq. — Je ne crois pas qu'après une bataille, il ne soit pas permis de panser ses blessés. (Mouvement.)

M. le président. — Il ne s'agit pas ici de bataille.

M. le prince de Robecq. — Je vous demande pardon, M. le président, la révolution de Juillet a été une bataille, et une bataille cruelle pour beaucoup. (Sensation.)

M. le président. — La fabrication avait un but principal. Le procès dernier a appris que MM. de Lespinois et Charbonnier de la Guesnerie avaient qualifié de Roi le duc de Bordeaux, et la reproduction du buste de ce prince constitue un fait de nature a préparer les esprits à la rébellion.

M. le prince de Robecq. — Je n'ai jamais eu cette pensée.

M. le président. — Non-seulement la reproduction de ce buste est un fait grave, mais il faut encore considérer le lieu où la vente s'en est effectuée. Ainsi c'est en Vendée, principalement, qu'on s'est adressé. Reconnaissez-vous ce fait ?

M. le prince de Robecq. — Non, Monsieur.

M. le prince de Robecq. — Voici une lettre de Bouteloup, qui l'atteste.

M. le prince de Robecq. — Bouteloup voyageait pour son commerce, et non spécialement pour vendre les bustes.

M. le président. — Quel commerce ?

Mᵉ Berryer. — La cour comprendra qu'il répugne à M. le prince de Robecq de répondre à une pareille question. M. Bouteloup est commis et voyage pour une maison de Bordeaux, la maison Saint-Romain. Il a été indiqué à M. de Montmorency, qui, sur cette indication, lui a proposé de se charger de la vente des bustes. Voilà tout.

M. Glandaz, avocat-général. — On trouve dans un compte une somme de 20 fr. payée à Bouteloup. Pourquoi ce paiement ?

M. le prince de Robecq. — C'était, je crois, pour des frais d'emballage.

M. le président. — Bouteloup avait-il une remise ?

M. le prince de Robecq. — Aucune.

Mᵉ Berryer. — Je prierai M. le président de faire apporter les registres. Il y en a un qui est spécial à cette opération. Je prierai aussi M. le président de faire apporter en même temps le registre de l'association de l'OEuvre de Saint-Louis; ensuite la circulaire de la souscription vendéenne, qui se distribue tous les ans, afin que je puisse donner des explications à MM. les jurés.

Après quelques mots échangées entre Mᵉ Berryer, son client et M. le président, sur le prix de l'emballage, M. le président continue ainsi : Ce qui résulte enfin des faits, c'est que Bouteloup parcourait la province pour vendre des bustes, notamment la Vendée. Cette circonstance a appelé l'attention du ministère public. En effet toutes les demandes de bustes datent de Chollet, d'Angers et du Mans, et toutes avaient pour but de propager l'esprit de rebellion.

M. le prince de Robecq. — On ne parle que de ces demandes, qui sont en petit nombre ; mais j'en ai reçu de bien d'autres pays qui sont en plus grand nombre.

M. le président. — Les lettres de Bouteloup, datées de 1843, sont très rapprochées les unes des autres. J'appellerai sur ce point l'attention de MM. les jurés sur l'époque où elles ont été écrites, car à cette époque il y a une manifestation à Londres et le prévenu a été à Londres.

M. le prince de Robecq. — Je ferai observer à mon tour qu'il y a des lettres plus anciennes que celles que vous citez.

M. le président. — Nous ne les avons pas sous les yeux.

M. le prince de Robecq. — C'est qu'on n'a pas voulu les saisir.

M. le président. — Maintenant nous ne discutons pas la saisie, elle a été régulière.

M. le prince de Robecq.—Elle n'a pas été régulière ; cela est si vrai que le contraire a été confessé devant les chambres par un ministre.

Mᵉ Berryer.— La principale pièce est un registre sur lequel se trouve la liste des personnes auxquelles ont été envoyés les bustes. Leurs noms expliqueront suffisamment le caractère de la distribution de ces bustes et attesteront que Bouteloup a fait des envois à Bourges, à Nevers et dans d'autres villes.

M. le président. — Mais les lettres que nous avons sont datées de la Vendée, et, à raison des localités, de l'époque, de la nature des bustes, de le destination des fonds, elles attestent, je le répète, l'esprit de rébellion... M. l'avocat-général a-t-il quelques questions à adresser au prévenu ?

M. Glandaz. — Non, monsieur le président.

M. le président donne lecture du procès-verbal de saisie dressé par M. le commissaire de police Vassal. On y remarque cette phrase, qui fait sourire le prince : « Après nous être assurés qu'il n'y avait dans l'appartement ni armes ni munitions... »

La régularité de la saisie, ajoute M. le président, est incontestable. Je dirai encore que le buste a été vendu, et que vous en avez touché le prix.

M. le prince de Robecq. — C'est pour une bonne œuvre que je l'ai vendu, et, par le fait, je ne l'ai pas distribué.

Mᵉ Berryer. — Et gratuitement.

M. le président. — La loi dit simplement distribuer. En résumé, vous convenez avoir vendu le buste ?

M. le prince de Robecq. — Oui.

M. le président. — Vous avez appliqué le prix de la vente à une bonne œuvre ?

M. le prince de Robecq. — Oui.

M. le président. — Eh bien, le ministère public, lui, pense que le prix a été appliqué à la fois à la souscription vendéenne et à l'Association de l'Œuvre de Saint-Louis.

M. le prince de Robecq. — Pardon, il n'a été appliqué qu'à la souscription vendéenne.

M. le président. — Or, cet emploi, cette destination constitue un délit. Huissier, faites entrer un témoin.

M. Debroux d'Anglard, fondeur, est introduit.

M. le président. — Vous connaissez M. le prince de Robecq ?

Le témoin. — Oui, monsieur.

M. le président. — Vous avez été chargé par lui de la confection de bustes représentant le duc de Bordeaux ?

Le témoin. — Je n'ai pas été chargé par M. de Montmorency, mais par un artiste.

M. le président. — Pouvez-vous dire à quelle époque vous avez été chargé du travail ?

Le témoin.—Je ne me rappelle pas précisément. Il y a quatre ou cinq ans qu'un artiste m'a chargé de faire un modèle en bronze.

M. le président.—Qui vous a payé ?

Le témoin.—Je ne saurais le dire.

M. le prince de Robecq.—C'est moi qui ai payé monsieur.

M⁰ Berryer.—Le témoin a parlé d'un artiste. Quel est cet artiste ?

Le témoin.—C'est M. le comte de Niewerkerque.

M. Siebs, mouleur, dit qu'il connaît M. le prince de Robecq, et qu'il y a quelques années que M. le comte de Niewerkerque l'a fait venir chez M. de Montmorency pour mouler un buste de M. le duc de Bordeaux.

M. le président.—Quel prix vous a-t-on payé ?

Le témoin.—Deux francs par buste.

M. Glandaz, avocat-général. — Messieurs les jurés, M. le prince de Montmorency est traduit devant vous pour avoir, par des distributions coupables, propagé l'esprit de rébellion, et essayé de troubler la paix publique. Le caractère et la portée du fait qui lui est reproché emprunte une plus grande gravité au nom que porte le prince, et nous aurons bien peu d'efforts à faire pour justifier la prévention. Je vais d'abord remonter à l'origine de ce procès, et vous rappeler comment la justice a été conduite sur les traces de cette affaire, et à opérer des perquisitions au domicile du prince.

La police fut avertie, au mois de mai, que des propositions de complot avaient été faites à des ouvriers du génie, les nommés Toutain et Cauchard, que l'on conduisit dans des cabarets, et auxquels on fit la confidence, discrète d'abord, puis ensuite plus hardie, qu'un grand complot venait d'être formé pour placer le duc de Bordeaux sur le trône, que l'argent ne manquerait pas, et que des personnages haut placés devaient y prendre part. Lorsque ces hommes quittèrent le cabaret, on leur distribua des médailles à l'effigie du duc de Bordeaux; on leur montra ensuite des lettres datées de Goritz, adressées à un certain duc, et signées par le duc de Bordeaux; puis on leur distribua encore sous leurs yeux des brochures dans lesquelles étaient racontés tous les faits du séjour du prince à Londres.

Messieurs, la fidélité de ses soldats ne fut pas un instant ébranlée, et les faits qui lui furent révélés n'eurent pas d'autres résultats que d'amener l'arrestation de leurs auteurs. La justice a été saisie de faits qui avaient de l'importance. Les hommes qui avaient tenté de corrompre les soldats avaient-ils suivi leurs propres inspirations ? étaient-ils isolés ? Il était difficile de le croire. On se demande quel était leur intérêt ? Les dépenses étaient payées par ces hommes, qui, cependant, n'étaient que des malheureux qui avaient été précédemment frappés par des condamnations politiques, et qui ne pouvaient agir qu'à l'aide des secours des associations légitimistes. Il y avait alors, dans le sein de ce parti, une certaine fermentation, que suscitait le voyage de Belgrave-Square ; les journaux du parti avaient pris un langage tellement agressif que la justice fut obligée d'intervenir, et que des condamnations justemeut sévères les ramenèrent à la prudence. Les soldats avaient dit que des personnages importans étaient dans cette affaire ; en cet état, de grands devoirs é-étaient imposés aux magistrats ; des recherches ont eu lieu ; elles n'ont point amené la preuve des rapports coupables qu'on avait pu d'abord soupçonner, et une ordonnance de non-lieu intervint au profit du prince de Robecq ; mais d'autres faits se produisirent, et ce sont ceux qui constituent la prévention actuelle, dont je vais rendre compte devant vous. Quels sont ces faits ? Nous allons le résumer rapidement.

Ici M. l'avocat-général rappelle tous les faits consignés dans le procès-verbal de perquisition, et le livre ensuite à leur discussion. Ces bustes, dit-il, qu'on avait essayé de faire en bronze, ce qui a été reconnu impraticable, ont été distribuées par centaines, et cette distribution a été l'objet d'une comptabilité parfaitement régulière. En présence de tous ces faits, vous devinerez aisément, MM. les jurés, sous l'influence de quelle sympathie politique ils ont été distribués. Quoiqu'on dise que Bouteloup voyageait en province pour une maison de commerce, il est évident qu'il voyageait pour M. le prince de Montmorency, cela résulte de leur correspondance qui est tout-à-fait industrielle.

Les lettres de Bouteloup sont toutes datées, soit du Mans, soit d'Angers, soit de Chollet, et antérieures, de peu de temps, à la manifestation de Belgrave-Square. Il y a, Messieurs, un fait sur lequel il est important d'appeler votre attention : Pourquoi cette fabrication de bustes ? Pourquoi cette distribution ? Quel emploi fait-on des fonds qui en proviennent ? M. de Robecq dit que ces fonds ont été employés à une bonne œuvre. Quelle est cette bonne œuvre ? les comptes nous le disent ; les fonds sont passés dans l'association vendéenne, à la tête de laquelle se trouve M. le prince de Robecq. C'est là une singulière énonciation que celle-ci : Vingt-six francs à Bouteloup pour l'habillement de deux chouans... (Mouvement.) C'est cela qu'on appelle une bonne OEuvre. Puis, plusieurs sommes ont été versées entre les mains de M. le duc des Cars, président de l'OEuvre de Saint-Louis. Voilà donc deux emplois : la souscription vendéenne et l'OEuvre de Saint-Louis. Qu'était-ce que l'OEuvre de Saiut-Louis à l'époque où elle fut formée ? Elle fut formée par plusieurs honorables personnes après la révolution de juillet, dans le but de venir au secours de ceux qui avaient été froissés par la récente commotion politique. Jamais l'autorité n'a pensé à troubler cette œuvre ; on avait trouvé naturel que des hommes dévoués à l'ancienne dynastie cherchassent à se soulager mutuellement. Mais il y avait un danger, qui est facile à comprendre, c'est que, dans ces rapprochemens d'hommes réunis par les mêmes regrets, par les mêmes souvenirs, il est difficile que la passion ne se fasse pas jour, même à travers les élans de la charité. C'était là un danger grave, et, pour le prévenir, il aurait fallu une grande réserve, une grande prudence, et les révélations du dernier procès sont venues prouver que ce miracle ne s'est pas accompli. Sans doute il y a des hommes attachés à l'OEuvre de St-Louis, dont la charité est le seul mobile, mais, pour quelques autres, elle est devenue une œuvre politique, un moyen d'influence dangereuse.

Cette œuvre est donc devenue une organisation de propagande, qui se place sous le patronage du duc de Bordeaux ; ce patronage seul trahit la pensée qui se retrouve d'ailleurs exprimée dans les actes et dans la circulaire dont il a déjà été question.

Voici, d'ailleurs, ce qui la décèle : dans l'une des dernières réunions, on avait posé, entre autres, cette question : On a demandé si une personne restée en place après 1830, en vue de rendre des services à la cause royale, et destituée quelque temps après, était apte à recevoir des secours de l'OEuvre de Saint-Louis. Ne croyez pas que cela ait été reçu avec indignation ; on s'est contenté de dire : « Le comité ne peut pas décider de cela ; il faut s'adresser à l'assemblée générale. » Notez, messieurs, qu'il figure, dans le comité, des hommes qui ont été recommandés pour avoir été condamnés pour attentat à la sûreté de l'état.

Ainsi, distribution de secours aux condamnés de l'Ouest, secours qui passaient par les mains des différens chefs vendéens, cela est prouvé par les énonciations contenues dans les comptes ; on y voit, par exemple : secours pour services rendus dans la Vendée ; secours pour le brave des braves ; secours pour N..., qui s'est distingué au combat de la Pénissière. Voici un autre fait qui nous fait suffisamment connaître le but de cette association : Dans une lettre du 12 mai 1844, on trouve ce qui suit : On envoie d'Orléans deux gaillards de bonne roche, qui ne sont pas charmés de rester dans leur pays, et pour cause. Des dames recommandent ces deux individus comme étant du ressort de l'OEuvre, et, sur la demande de M. le duc des Cars, on accorde à ces deux Vendéens réfractaires un secours de 50 francs. (Bruit.)

Voilà les faits, messieurs ; ils sont bien connus de vous, messieurs, ils se groupent et s'enchaînent, et nous nous sommes contentés de les énumérer. Vous aurez donc à vous demander si ces distributions sont innocentes.

Nous demandons, messieurs, l'application de l'art. 9 de la loi du 25 novembre 1822. Des images du duc de Bordeaux ont été fabriquées et distribuées chez M. de Robecq, avec clandestinité. Y a-t-il, dans cette distribution, la pensée de propager la rebellion et de troubler la paix publique ? La loi n'a pas dit ce qu'elle entendait par le signe destiné à troubler la paix du pays ; elle a dû être assez large pour se prêter à tous les symboles ; car le signe change, en effet, suivant les lieux, les personnes et les circonstances. La question doit donc être résolue suivant les circonstances.

Les bustes que nous avons sous les yeux peuvent-ils être considérés comme des signes rentrant dans l'application de la loi? Evidemment. Oui, Ces signes sont la représentation du duc de Bordeaux. Quelle a été l'attitude du duc dans ces derniers temps? Il s'est posé comme un prétendant; il s'est posé comme Roi de France et a été salué comme tel. Ainsi, dans la pensée de certains hommes, ce signe était une représentation de parti; telle était la vraie signification au moment où le buste a été mis en vente. La vente de ce buste était une pensée de haine et de rébellion contre les institutions du pays et la paix publique, nous pouvons donc dire que, par la nature du signe, la pensée de cette distribution est suffisamment manifestée.

Examinons maintenant les circonstances au milieu desquelles la distribution a été faite; ces circonstances prouvent qu'elle l'a été dans une pensée coupable. Quel est l'auteur de la mise en vente ? Loin de nous, messieurs, de vouloir jamais violer le sanctuaire de la conscience ; c'est au jeu régulier de nos institutions de triompher des attentats et de ne pas faire la guerre aux opinions; mais il faut bien aussi examiner les actes, mais les intentions, et se rendre compte si les faits et les actes sont coupables.

L'auteur de la mise en vente est M. de Robecq, qui avait tout récemment fait le voyage de Londres, qui s'était mis à la tête de la souscription

vendéenne et proclamait le duc de Bordeaux comme le seul roi légitime
de France. Ce simple rapprochement suffit seul pour indiquer ce qu'ou
doit penser de ces distributions. Vous saviez bien que ce fait était criminel, cela est attesté par le soin que vous aviez mis à le cacher; c'est sous
votre surveillance que ces bustes ont été fabriqués, vendus, expédiés.
L'atelier était placé dans votre hôtel; il y était placé clandestinement, et
cette clandestinité même, je le répète, indique toute l'importance que
vous y attachiez. Pendant plusieurs années, les bustes ont été vendus
dans l'Ouest surtout ; les lettres de Bouteloup sont datées d'Angers, ou
d'autres localités de l'Ouest.

Voilà les faits rapprochés; vous les jugerez ; vous vous demanderez
s'ils sont innocens ou coupables, s'il n'y a pas là un danger que la fermeté de la justice doit prévenir. Ce n'est pas sans regret, Messieurs,
qu'elle accuse M. le prince de Robecq, parce que les grands noms rap-
pellent les grands services et qu'elle n'aime pas frapper ceux qui les por-
tent, et qui ont à remplir un devoir d'autant plus sévère qu'il les place
dans un état d'égalité devant la justice, et que cette égalité est presque
pour eux une faveur. Le délit que nous poursuivons est grave et ne peut
pas être complètement impuni, parce qu'il a pour résultat d'entretenir
des divisions entre les citoyens, d'éloigner les rapprochemens et de préparer des entreprises dangereuses. C'est à ce point de vue que vous devez vous placer, messieurs les jurés, en descendant dans vos consciences.

M. le président.—La parole est à la défense.

M. le prince de Robecq se lève et s'exprime en ces termes : Messieurs
les jurés, je ne sais si l'accusation que l'on vient de développer devant
vous est bien de nature à justifier l'abus que le pouvoir a fait de la loi....

M. le président. — Je crois devoir rappeler au prévenu qu'il doit s'exprimer avec le plus grand calme; on ne peut dire ici que le pouvoir a
fait abus de la loi.

M. le prince de Robecq. — Ou je me trompe fort, ou l'opinion publique a déjà fait justice de ce qui s'est passé. De quoi s'agit-il ? de la pré-
tendue découverte du buste d'un prince auquel j'ai voué une inviolable
fidélité et de la vente à quelques amis de ce buste au profit du malheur.

Mon but était une bonne œuvre à laquelle j'ai voulu m'associer et quoiqu'ait dit le ministère public, je ne me suis pas caché pour le faire ; ma
conduite n'a pas eu cette clandestinité qu'on a voulu lui donner. Ce buste fait à Rome en 1840, a été exposé à tous les yeux, dans une maison
ouverte à tous. Etait-il nécessaire pour arriver à une semblable découverte de faire chez moi une descente de police pendant mon absence,
de briser mes serrures, de lire sans rien respecter tous mes papiers ? Je
ne le pense pas ; car peu accoutumé à cacher mes actions, je me serais
au premier signe dénoncé moi-même.

Evidemment donc, ces bustes n'étaient qu'un prétexte; mais, au même
instant, semblable perquisition était faite chez un lieutenant-général qui
a brisé son épée après avoir pris sa part dans la conquête d'Alger, chez
un brave officier, type d'honneur militaire, qui depuis a paru sur ces
bancs; enfin, chez un homme honorable dont le seul crime était de s'être
occupé avec un admirable zèle d'une œuvre de charité. Après les plus
indignes traitements exercés envers eux, le jury a fait parler des accusations dirigées contre ces deux derniers.

Là encore il fallait un prétexte, et là encore la charité en a fait les frais.

L'OEuvre dont ils faisaient partie ainsi que moi a été mise en cause ;
elle y est encore aujourd'hui dans ma personne, et l'on a annoncé la vo -
lonté de la détruire, si on pouvait. Comme je crois qu'il n'est au pouvoir
de personnes de tuer la charité, je profite de cette circonstance pour

faire d'ici un appel à la générosité de ceux qui ont bien voulu associer leurs efforts aux nôtres, et je ne doute pas que cet appel ne soit entendu..... (mouvement marqué dans l'auditoire), ou je le répète, je fais d'ici un appel qui sera, j'en suis sûr, entendu. (Nouveau mouvement.)

M. le président.—M. de Montmorency, si c'est dans l'intérêt de l'OEuvre Vendéenne que vous faites cet appel, je ne puis vous le permettre dans cette enceinte, car un pareil appel serait justiciable des tribunaux. Vous avez un défenseur; confiez-lui vos intérêts. Vous avez ici un ton beaucoup trop dégagé; il n'est pas permis de faire des plaisanteries devant la justice et en présence du jury.

M. le prince de Robecq.—Je n'ai rien dit qui puisse paraître une plaisanterie. Du reste, je le répète, ce n'a été là qu'un prétexte pour agir contre une œuvre de charité; mais le jury en a déjà fait justice, car les deux personnes impliquées dans la dernière affaire ont été acquittées par lui.

M. le président. — La parole est au défenseur du prévenu. (Mouvement général d'attention.)

Me Berryer. — M. l'avocat-général disait tout-à-l'heure : Ce procès est grave. Il l'est en effet , non par la question de fait , non par l'intention qui a animé les auteurs du fait, mais par le système qu'a embrassé le ministère public. Ce procès est grave , et voici pourquoi. Il s'agit ici , et nous sommes assurés de vous conduire à cette décision , il s'agit ici, dis-je, de l'application de la loi, d'une application conforme à l'esprit et au but de la loi , et rien n'est plus grave que d'être obligé de repousser celle qui lui est contraire, c'est-à-dire l'application de la force, l'application injuste qu'on veut donner à la loi.

Maintenant je cherche ce qu'on attaque en nous et ce qui est le but de la poursuite. Eh bien ! ce que l'on veut, c'est à tout prix une condamnation ; ce que l'on poursuit, ce sont nos convictions, c'est notre fidélité au malheur et aux obligations qu'un passé glorieux nous a fait contracter envers la royale famille qui a présidé pendant tant de siècles aux destinées de la France ; ce que l'on veut enfin, c'est d'arriver à braver l'opinion publique et nous façonner à un despotisme d'autant plus dangereux, qu'on cherche à l'abriter et à le cacher sous le manteau de la loi. Quant à nous, messieurs, on pourra nous persécuter : nous faire changer ou nous flétrir, jamais !...

Le fait est simple, si on le renferme exactement dans les termes de l'acte d'accusation ; il consiste dans le moulage et la vente du buste de Mgr le duc de Bordeaux, mais soit par les questions de M. le président au prévenu, soit par les paroles de M. l'avocat-général, il a pris un autre cours : on l'a présenté sous un aspect qui peut-être a éveillé dans vos esprits des sentimens qui ne doivent pas se produire dans la cause ; songez-y, Messieurs les jurés, vous n'êtes pas appelés à juger comme hommes-politiques, et à moins de trahir le serment que vous avez juré devant Dieu et devant les hommes, vous ne devez vous occuper que d'un acte de justice ; vous ne devez voir que des faits spéciaux à l'égard desquels la loi est votre seul guide. Je n'ai pas l'honneur de connaître vos sentimens politiques, qui peut-être ne sont pas les miens ; mais n'oubliez pas que vous devez en faire abnégation, et dire simplement ce que vous pensez du fait qui vous est dénoncé.

Ecartons donc tout ce qui est étranger à ce fait. On a parlé d'un procès récent où j'ai moi-même pris déjà la parole; on a jeté dans cette affaire je ne sais quelles obscurités de procédure où M. de Montmorency se trouvait engagé, et qui ont servi à motiver une descente de la justice dans son hôtel.

Quoique cette question ne soit pas posée en ce moment, je dois dire que M. l'avocat-général et moi nous différons sur la nature et sur le fond de ce procès qui, en réalité, se réduit en ceci :

Deux hommes, dont l'un était employé aux travaux des fortifications, l'autre commis chez un avocat, mais réduit à la plus grande misère, se rencontrèrent trois fois, trois dimanches, avec des soldats, à Vaugirard, si je ne me trompe ; ils burent ensemble et s'enivrèrent. Le premier exprima ses regrets de la place qu'il avait occupé dans la maison du Roi comme ouvrier ou comme serviteur à gages ; il parla de son attachement au régime passé et montra une médaille de M. le comte de Chambord. Les soldats parlèrent aussi de leurs sentiments ; ils baisèrent même l'effigie. Ce jour-là, ce fut le premier de ces hommes qui paya l'écot ; les autres fois ce furent les soldats qui payèrent à leur tour.

Ainsi tout cela se réduit à trois réunions où des hommes burent, s'enivrèrent et se livrèrent à leur loquacité ; dans leurs propos, il aurait été question entre eux d'une attaque à diriger contre Neuilly. Et ces hommes parlèrent aussi en même temps d'une œuvre de charité : Ce mot retentit alors dans le cabaret qu'il existait une caisse où était déposé un fond de quatre millions pour armer trente mille hommes, attaquer Neuilly et forcer Louis-Philippe à abdiquer en faveur du duc de Bordeaux et à prendre le titre de lieutenant-général du royaume. (On rit.) Voilà ce dont il s'est agi.

Ces hommes qui ont ainsi bavardé étaient au nombre de ceux qui recevaient des secours de l'Œuvre de charité dont il a été question ; ils ont montré les noms des commissaires, ceux de MM. le prince de Robecq et Des Cars ; les soldats ont dit ensuite qu'il avait été fait mention de ces messieurs, et c'est là ce qui a motivé la visite qui a été faite à leurs hôtels.

Dans cette perquisition, faite rue de la Planche, on a brisé des cachets apposés à des papiers qui ne devaient être ouverts qu'après la mort. J'oubliais de dire qu'on avait dit qu'il existait là un dépôt d'armes considérable, et qu'on n'a rien trouvé de semblable à l'hôtel de la rue de la Planche. Tout a été fouillé, et c'est dans une pièce du rez-de-chaussée, dans un compartiment de la cour de l'hôtel, qu'on a trouvé un moulage, et dans la bibliothèque plusieurs bustes qui ont été saisis.

Voilà les faits dans leur vérité. A quoi les a-t-on rattachés ? A l'association de Saint-Louis. On vous disait tout à l'heure qu'il ne fallait pas accepter les œuvres de charité, mais qu'elles pouvaient servir de manteau pour couvrir un but coupable. Ainsi on ne cherche pas à accuser la charité, mais on veut tarir la source des secours. Je dis que c'est là un mauvais sentiment.

Il faut bien apprécier ce qui a été trouvé. Eh bien ! voilà ce qui a eu lieu depuis 1830. Des associations se sont formées pour distribuer des secours. Il y avait à secourir, d'une part, les malheureux qui puisaient auparavant à la liste civile ; d'un autre côté, des hommes qui avaient quitté leurs emplois ; des officiers qui n'avaient pas voulu servir le nouveau régime, et puis il y a eu, ce qui est le malheur de tous les partis, il y a eu ce qui a toujours lieu en France, des insurrections, des procès politiques, des exils, des contumaces, enfin des misères de tout genre qu'il a fallu secourir. Or, si l'on voulait confondre les efforts qui ont eu lieu pour provoquer les faits qui se sont accomplis avec les efforts faits pour venir au secours de ceux qui ont souffert, je dis que ce serait là une grande injustice.

Séparons donc ce qui doit être séparé : séparons ces refus de service, ces insurrections ; si vous condamnez cela, abandonnez-le ; car vous n'a-

vez pas à le juger. Mais après les malheurs viennent les secours, les efforts faits par des hommes d'honneur pour venir en aide à de grandes infortunes. On vous disait tout à l'heure que les grands noms imposent de grands devoirs. Eh bien! il n'y en a pas de plus grand quand on appartient à une grande famille, à une race de Rois qui a gouverné le pays pendant quatorze siècles, quand pendant les deux derniers siècles surtout, les Montmorency ont été constamment auprès du trône, c'est un devoir sacré imposé à un Montmorency de rester associé à cette grande pensée; et alors il s'exile dans son cœur comme le Roi s'exile de la France. Ce sentiment, dis-je, est un devoir. M. de Montmorency a été entraîné par ce devoir; ce qu'il a accompli n'est pas autre chose.

Voyons si dans ce qui s'est passé il y a le plus petit reproche à lu faire, s'il y a la moindre apparence de sa part d'avoir eu la pensée de provoquer des troubles et d'alimenter dans le pays l'esprit de rébellion.

Des associations de charité existent, vous le savez, depuis 1830, d'une manière publique. Elles ont lieu tous les ans; elles se produisent par des fêtes, des bals, des concerts auxquels on a vu, ce qui est à l'honneur de toutes les opinions en France, des hommes des opinions les plus diverses apporter leur contingent à la caisse ouverte pour secourir des infortunés ; et c'est là un hommage qu'il faut rendre à la générosité française.

Ici l'honorable défenseur rappelle l'origine de la souscription vendéenne fondée en 1834 et qui n'avait d'autre but que de secourir l'infortune. Des circulaires annuelles publiées, puisqu'elles étaient lithographiées, étaient distribuées par la poste : voici une de ces circulaires, c'est celle qu'envoyait M. de Montmorency en 1840.

« *Souscription pour* 1840. — L'association pour la souscription vendéenne, forcée par diverses circonstances de différer l'appel annuel fait aux royalistes, s'occupait de rendre compte aux personnes qui avaient bien voulu y prendre part, des résultats obtenus pendant l'année 1839, lorsque l'amnistie a paru. Quelque favorable que soit cette circonstance, elle nous laisse beaucoup de devoirs à remplir. Les exilés qui vont rentrer dans leur pays, ainsi que les prisonniers qui sont rendus à la liberté, sont dénués de ressources, atteints par la confiscation de leurs biens, ruinés par les frais des procès qui leur ont ravi la liberté et leur ont fait perdre leurs moyens d'existence ; plusieurs sont frappés d'infirmités par suite de leurs longues années d'exil ou de prison. Il devient nécessaire de fournir aux uns les moyens de gagner leurs foyers, aux autres des vêtements, à tous du pain, pendant les premiers temps de leur rentrée dans leur pays, en attendant qu'ils puissent se procurer des moyens d'existence. Il reste encore à secourir diverses familles de l'Ouest, ruinées et privées de leurs chefs par suite des événemens de 1832, et d'anciens débris de la garde royale compris jusqu'ici dans la répartition des secours accordés. N'est-il pas équitable aussi bien que généreux de continuer nos secours à tant d'honorables infortunes si noblement supportées. »

Voilà donc, reprend Mᵉ Berryer, l'objet de l'association; que jamais dans cette souscription on ait détourné de tous les fonds qu'elle produisait un seul écu, pour autre chose que le but annoncé par des hommes d'honneur, je défie qu'on en fasse la preuve. C'est donc là l'objet généreux que se sont proposé des hommes honnêtes, honorables, ils n'en ont pas eu d'autre.

A cette même époque se présente M. le comte de Niewerkerque. M. de Niewerkerque est un homme du monde; c'est un ami distingué des arts; il est lui-même un grand artiste. M. de Niewerkerque a fait un voyage à

Rome; il y a vu M. le comte de Chambord, il l'a modelé et il en a fait un buste.

Ce buste, il l'a rapporté en France. Comme un homme du monde qui avait du talent, mais qui ne cherchait pas à tirer un profit de ses œuvres, M. de Niewerkerque a voulu en faire un moyen de secours à des malheurs. Il appela un fondeur, M. Debrou-Danglare, qui fit un buste en bronze de son ouvrage ; c'est à l'aide de ce buste que l'on obtint des moules pour faire les réductions qui ont été saisies.

M. le comte de Niewerkerque exposa son œuvre dans son atelier ; ce n'est pas là un lieu caché. Il tint lui-même un registre de toutes les personnes qui s'adressaient à lui pour acquérir des bustes. Cinq feuilles de ce registre, écrites entièrement de sa main, indiquent les ventes faites par lui en 1840, 41 et 42. Mais M. de Niewerkerque se fatigua des soins que nécessitaient le moulage des bustes, leur vente, la comptabilité et le versement à faire des fonds dans les caisses de souscription. M. de Montmorency, qui se trouvait placé à la tête de ces œuvres, lui dit : « Abandonnez-moi votre buste, je le ferai mouler et vendre. » Et à dater de cette époque, c'est M. de Montmorency qui se chargea de tout ; et l'on voit que, dans le registre cité plus haut, les feuillets qui suivent les cinq premiers feuillets sont écrits de sa main. Nous verrons tout à l'heure à qui les bustes ont été donnés, et si la loi est applicable à cette distribution.

Mais ces associations diverses dont j'ai parlé, ces bals, ces concerts, faisaient que les personnes qui distribuaient des secours, les donnaient sans ordre, sans régularité, et que les parts n'étaient pas égales ; on institua alors l'OEuvre de St-Louis. Cette œuvre avait pour but, en prenant pour administrateurs les hommes les plus honorables, les dames les plus charitables, de fonder en une seule toutes les sociétés. Et l'on y appelle en conséquence les dames patronesses de la liste civile, de la souscription vendéenne et des autres associations. L'OEuvre de St-Louis eut donc à sa tête MM. de Montmorency, Des Cars ; Mmes de Beauffremont, des magistrats tels que MM. Charlet et de Vaufreland. L'association s'établit sur les statuts les plus sages et les plus scrupuleux ; et avant d'admettre de sa part une arrière-pensée, d'y trouver un instrument politique, il faut d'abord se rendre compte des ressources de l'OEuvre et de ce qu'elle a fait jusqu'ici. L'OEuvre de St-Louis a des registres tenus avec une régularité admirable ; il n'est pas de maison de banque dont les comptes soient établis avec un soin plus scrupuleux. Ces registres ont été saisis ; ils passeront sous les yeux de MM. les jurés.

Me Berryer donnant ici lecture d'une des délibérations inscrites sur les registres de l'OEuvre, en date du 2 mars 1844, fait connaître la composition du comité dans lequel figurent M. Pardessus, président, Mme la comtesse de Beauffremont et MM. le vicomte de Saint-Priest, de Latour-Foissac, Breton, ancien notaire, le comte de Brissac, Charlet et Cauber.

Je ne sais si aucun de vous, Messieurs les jurés, ajoute Me Berryer, fait partie d'association de charité ; mais, dans ce cas, vous connaissez M. Caubert ; car on appelle M. Caubert la *Sœur de Charité* des associations. (Sourires dans l'auditoire.)

Le défenseur, à l'aide des chiffres inscrits sur le même registre, montre que les ressources de l'OEuvre, dont on veut faire une œuvre propagatrice de la rébellion, ne se sont élevées en 1844 qu'à la somme de 45,478 fr., et il établit que les dépenses, tant en secours distribués qu'en frais d'administration, ont été au-dessous du chiffre des recettes.

On a parlé, messieurs, continue Me Berryer, de l'objet des délibérations de l'OEuvre de Saint-Louis. Une personne destituée, a-t-on dit, était là pour recevoir les secours. Vous comprenez qu'on ne peut pas accorder sans examen à des hommes qui tous les jours viennent vous dire : Nous sommes bien malheureux ; nous avons besoin de secours ; et puis, il y en a d'autres qui spéculent sur les révolutions et sur la générosité de tous les partis ; je dis que cela demande un sérieux examen ; alors le comité décide qu'il en soit référé à l'assemblée générale. Il fut décidé que les officiers de la garde royale ne devaient pas être considérés, par suite du licenciement de 1830, comme retirés du service, parce qu'ils avaient été incorporés dans d'autres régimens, et que, par conséquent, ils n'avaient pas droit aux secours.

Chercher la véritable infortune, voilà l'Œuvre de Saint-Louis, dirigée par des hommes distingués, par des magistrats, qui mettent un scrupule extrême dans la distribution des secours. On a dit que cette association salariait tous les crimes commis ; voilà un état qui prouve que les secours distribués ont été peu nombreux, car les ressources ne sont pas nombreuses. Voici des livres, des registres qui vous édifieront complètement, car ils contiennent les noms, les adresses et la profession des personnes secourues.

Savez-vous combien ce livre contient de noms ? 640 ; et sur 640, combien de condamnés politiques ont reçu des secours ? Sept. Oui, la société ne donne de secours qu'aux gens qui sont dans l'indigence et qui ont droit à la charité de tout le monde. Sans doute, on donne plutôt à ceux qui partagent notre opinion, mais une opinion contraire n'est point un motif d'exclusion ; voilà l'œuvre de la société vendéenne réunie à l'Œuvre de Saint-Louis. On a crié contre ce fait : Deux Vendéens quittent la Vendée, partent pour le département du Nord où ils veulent travailler, et on leur donne un secours de 50 fr. ; est-ce là, je le demande, encourager la guerre civile.

Vous avez vu le prospectus de l'association, et nous dirons qu'on ne peut, même d'après les faits signalés, prétendre qu'il y ait eu autre chose, nous l'attesterons sur l'honneur. M. le prince de Robecq n'est pas, d'ailleurs, traduit devant vous comme membre de l'Œuvre de Saint-Louis, mais pour avoir vendu le buste de M. le comte de Chambord. Arrivons donc à ce fait et examinons cette accusation.

M. le prince de Montmorency a succédé à M. de Niewerkerque dans la propriété du buste ; mais la vente d'un buste n'a pas eu lieu depuis le voyage de M. le comte de Chambord. La dernière vente a eu lieu en 1843, avant le voyage. Bouteloup était-il agent du prince de Montmorency ? Pas le moins du monde : c'était un voyageur qui, par sentiment légitimiste, s'est ouvert lui-même, a dit : « Je voyage, je parcours la France, je verrai des personnes qui veulent avoir le buste ; j'en placerai et je vous en enverrai le montant pour votre caisse de secours.

Ici l'honorable défenseur donne lecture des lettres de M. Bouteloup, dans lesquelles ce dernier demande quatre bustes pour Angers, quatre autres pour Vendôme, Angers et Orléans, enfin quatre autres pour Mortagne, Bernay, Couture et Blois : douze en tout. Ainsi voilà un agent qui, pendant ce voyage, devait avoir pour objet le placement des bustes à un grand nombre d'exemplaires, et qui n'écrit que trois lettres et ne place que douze bustes. Singulier agent, en vérité !

Messieurs, je dis qu'il est impossible de vous faire considérer les faits de cette façon. Je dis que parce que Bouteloup a écrit d'Angers, vous n'êtes pas autorisé à affirmer que les bustes n'aient été distribués que dans l'Ouest ; ils l'ont été dans toutes les parties de la France ; vous pourrez vous en convaincre en parcourant la liste des noms de ceux qui en ont acheté. On a parlé de propagande légitimiste : savez-vous, messieurs, combien cette vente a produit, en totalité ? 4,175 fr., ce qui fait environ 200 bustes, au plus.... Je vous le demande, messieurs les jurés, de bonne foi, est-ce là un symbole destiné à propager l'esprit de rébellion, que ce buste adressé à des hommes du monde, qui veulent avoir dans leur intérieur une effigie qui leur est chère.

Vous connaissez le caractère de la souscription vendéenne. Ce moyen de se procurer des fonds est-il condamné par la loi ? Quelle est l'intention de la loi ? Quels sont les signes et les emblêmes condamnables ? Ce sont ceux qui sont destinés à propager l'esprit de rébellion. Dans la cause, de quoi s'agit-il ? L'effigie faite à Rome en 1840 a été reproduite en France en 1843, vous savez dans quel but ? dans un but de charité. A-t-on voulu susciter les passions de la place publique ? Cette noble figure, présentée dans les vêtemens de la vie civile, n'est point un emblême, n'a point d'attributs ; regardez ces beaux traits, ce buste simplement recouvert des vêtemens de l'exil, et dites si c'est comme cela que l'on fomente la rébellion. (Mouvement.)

On nous reproche d'avoir mis ce buste en vente sans autorisation. Prenez garde ! vous argumentez là d'un fait qui ne doit pas préoccuper le jury, car il ne tombe pas sous son appréciation ; c'est là un fait particulier pour lequel le prince serait poursuivi ailleurs, et non ici.

En présence de ces faits, pourrez-vous, en conscience, dire : Ceci est destiné à propager la rébellion ? Vous ne pourrez pas le dire ; mais vous direz : Ceci est destiné à recueillir des secours pour une œuvre honnête. Sans doute, on cherche à vendre la figure du comte de Chambord à ceux qui aiment cette noble figure et veulent la posséder au sein de leur foyer domestique ; mais je répète que ce n'est pas là ce que le législateur a entendu par emblême séditieux.

Après 1830, Messieurs, l'effigie de Napoléon II fut exposée partout, dans toutes les maisons, tant il est vrai que, pour le législateur, la représentation de la figure n'était pas considérée comme emblême séditieux ; ce qu'il a considéré, c'est le monument distribué au public, lorsque ce monument est réellement de nature à susciter les passions, mais non pas aux monumens qui vont, sans emblême, sans attributs, dans les mains des hommes du monde. S'il en était autrement, nous arriverions à des choses trop graves, et la justice s'y refuse.

On a dit que M. de Montmorency avait fait venir dans son hôtel un mouleur ; mais comment. Y a-t-il eu mystère ? Nullement. M. de Montmorency ne s'est pas caché ; le buste a été moulé au vu et au su de tous ; l'œuvre n'était pas un secret, le but en était patent. Il a vendu les bustes, il a recueilli les fonds pour les appliquer à la souscription vendéenne, à une œuvre de charité.

Pour arriver à une condamnation, sur des dénonciations bien absurdes assurément, mais qui enfin ont été recueillies, on a dit que le nom de M. de Montmorency avait été prononcé. Une visite domiciliaire a eu lieu. Cette visite a produit autre chose que ce que l'on cherchait. Et puis quand cette visite, blâmable par la manière dont elle a été faite, blâmable par l'examen de papiers dont le secret devait être sacré jusqu'à la mort, quand une telle visite a abouti à un... je ne sais quoi, alors on se rejette sur le moulage, et on s'excuse par le procès actuel. Il n'y a que cela qui explique les poursuites intentées aujourd'hui, poursuites au fond dénuées de toute autorité et qui ne sont pas un acte consciencieux. Vous avez donné une fausse interprétation à la loi ; vous en avez fait un mensonge. Quant à nous, nous nous en rapportons à la conscience des gens de bien. (Mouvement prolongé.)

L'audience est suspendue à une heure et reprise à une heure et quart.

M. Glandaz, avocat-général, annonce qu'il n'a que peu de mots à répliquer : on a, dit-il, dit qu'on ne comprenait pas ce procès, qu'il était une sorte de rancune de la justice par suite de l'insuffisance des résultats de la recherche faite au domicile du prince de Robecq. Il n'est pas possible de prêter à la justice de pareils sentimens, et sans doute on n'a pas réfléchi à la double épreuve que ce procès a dû préalablement subir, et qui présente une garantie contre de semblables imputations.

Ici M. l'avocat-général s'attache à justifier les magistrats qui avaient mandat de faire des recherches judiciaires, et soutient qu'ils ont accompli cette mission avec convenance. Selon lui, le paquet cacheté a été ouvert, il est vrai, mais refermé desuite, sans examen, et remis aux mains de M. le comte de Brissac, beau-frère de M. le prince de Robecq.

Revenant ensuite au procès, M. Glandaz dit que le ministère public ne s'adresse point, dans cette circonstance, aux passions politiques, mais à la conscience des citoyens; le débat, dit-il, ne s'engage point entre deux partis, mais entre M. le prince de Robecq et la justice du pays, qui vient lui demander compte d'actes coupables, contraire au repos du pays.

Il y a deux points capitaux dans ce procès : le fait principal est l'association qui, sous des apparences charitables, ne tend à rien moins qu'à susciter les animosités de parti. Nous n'avons pas dit que la pensée qui a inspiré l'association avait abandonné tous ces hommes, mais nous avons dit que l'élément politique et l'esprit de parti s'y étaient mêlés, et étaient venus en pervertir en quelque sorte le but. On n'a pas répondu sur ce fait, sur ce haut patronage sous lequel l'association s'est placée, sur cette correspondance de Goritz qu'elle a fait répandre à un grand nombre d'exemplaires, on n'a pas répondu non plus à ce que nous avons dit de ces circulaires, dans lesquelles il n'est pas seulement question des pensionnaires de l'ancienne liste civile, mais dans lesquelles on parle aussi de ces dévouemens qu'il faut indemniser en raison des persécutions politiques qu'ils ont subies.

M. l'avocat-général dit qu'en accordant des secours aux deux réfractaires, l'association a récompensé ceux parmi lesquels la milice vendéenne se recrutait en 1832 ; elle a, dit-il, récompensé des dévouemens passés pour s'assurer des dévouemens futurs. Les mentions qui se trouvent sur les registres révèlent l'esprit qui a inspiré ces charités, qui sont des œuvres politiques ; ainsi la charité est devenue un instrument politique complètement établi.

Arrivant au fait, cité par le défenseur, de l'exposition, sans poursuites, du buste de Napoléon II, M. Glandaz dit que Napoléon II n'avait pas pris, vis-à-vis du pays, l'attitude que M. le duc de Bordeaux avait prise dans ces derniers temps. Il revient ensuite sur les faits relatifs à la distribution des bustes, qui pour être séditieux, selon lui, n'avaient pas besoin d'insignes; ils ont été très bien reconnus par les regrets ou les souvenirs dont on a voulu consacrer le culte, et caresser les espérances.

M⁰ Berryer. — Messieurs les jurés, j'avoue que je ne croyais pas être appelé à m'expliquer de nouveau devant vous, et malgré les efforts qui ont eu pour but de faire ressortir de la cause une pensée de criminalité, malgré la chaleur que M. l'avocat-général a mise dans sa réplique, je ne comprends pas encore pourquoi on persiste dans l'accusation.

Parmi les argumens dont il s'est servi, M. l'avocat-général disait : Le procès a déjà subi la décision des magistrats; ce n'est pas la première fois que le fait est soumis à la justice. Sans doute; mais un pareil argument est-il acceptable? Nous savons bien que tous les procès sont portés d'abord devant la chambre du conseil; c'est une formalité de la procédûre criminelle; mais le jury ne doit tenir aucun compte de la décision qui est intervenue.

Messieurs, ce n'est pas la première fois que le ministère public se fait, contre un prévenu, une arme de cette décision préliminaire de la magistrature. Nous avons entendu souvent l'accusation invoquer l'opinion de la chambre du conseil; c'est là un argument dangereux contraire à la loi, et qu'il importe de repousser de toutes ces forces. La chambre du conseil ne se décide pas comme vous, messieurs les jurés, il suffit que le fait soit établi, que le fait soit matériel, pour qu'il soit renvoyé devant vous; mais dans quel but? Dans le but d'en déterminer, d'en apprécier la criminalité. Mais dire que les tribunaux ont la même mission que le jury, c'est se méprendre étrangement. Encore une fois, messieurs, les tribunaux examinent le fait en lui-même, le classent selon sa gravité, et le jury est le seul juge des intentions qui l'ont produit. S'il n'en était pas ainsi, il n'y aurait jamais d'acquittement.

Quand un fait est signalé comme coupable, quel est le droit de la justice? Elle n'en a qu'un, le droit de pénétrer dans le domicile pour y rechercher ce qui peut se rapporter à ce fait; mais quand elle étend sa perquisition à des choses étrangères au fait signalé, elle abuse de son droit; si elle agit négligemment, elle abuse de la loi. Eh bien ! on a été chez M. de Montmorency; on y a trouvé des papiers dont le cachet a été brisé, et en cela on a été au-delà de la loi.

Dans la question du procès, qu'a-t-on dit ? ce que j'ai dit moi-même ; vous ne pouvez prononcer sur un fait matériel, sur celui d'un buste non autorisé, car ce défaut d'autorisation est un fait qui sera porté à un autre tribunal ; d'autres qui vous diront? M. de Montmorency est coupable ou non de cette contravention. Ainsi, que le défaut d'autorisation qu'on a tant fait retentir dans cette enceinte vous soit encore étranger : vous n'avez pas à le juger.

Il s'agit pour vous de savoir si, en moulant les bustes et en les mettant en vente, on a eu une pensée mauvaise, un but de rébellion, le but de troubler la paix publique : c'est là la question ; vous n'en avez pas d'autre à résoudre. Si cette pensée ne ressort pas clairement pour vous des débats, si vous n'en êtes pas convaincus, vous ne pouvez pas condamner sans mentir à la loi et à votre conscience. Eh bien ! l'accusation soutient que M. de Montmorency a agi dans la pensée, non pas de secourir des infortunes, mais de provoquer la rébellion, quand il est évident par les faits antérieurs que c'était pour sa souscription ; l'accusation va au delà de la cause, on veut voir dans la pensée de M. de Montmorency ce qui n'est prouvé par rien à l'extérieur, quand rien ne peut vous mettre en situation de dire en sortant de votre salle de délibération : J'ai la preuve que les bustes ont été vendus avec la volonté de troubler la paix du pays, Voilà ce que l'on fait dans les procès.

Qu'a-t-on apporté pour prouver l'accusation ? Sont-ce les actes de l'OEuvre de Saint-Louis ? A la composition seule de cette association on est obligé de s'arrêter ; car on y voit les hommes les plus honorables, estimés de tous, aimés même de leurs adversaires politiques. Qu'a fait cette association ? Elle n'a jamais rien fait qui ne soit inscrit dans ses registres. Son but a-t-il été de troubler le pays ou de secourir le malheur? On est obligé de s'incliner devant la loyauté de gens d'honneur ; on dit que l'on ne doute pas, il est vrai, de l'esprit de charité du plus grand nombre, mais aussi qu'il en est qui ont pu y mêler de la politique.

Mais je le demande, la politique peut-elle être tout-à-fait absente d'une pareille œuvre ? Voilà des hommes qui veulent porter secours à des malheurs politiques, et vous voulez que la politique y reste étrangère ; il est bien évident que les comités ne peuvent avoir recours qu'à ceux qui sont unis par le même sentiment, pour obtenir les fonds dont la distribution est le but de l'œuvre ; elle est évidemment et perpétuellement unie à une pensée politique.

Est-ce là une pensée criminelle ? Non, on le confesse. Où donc cette pensée se trouve-t-elle ? Dans les hommes qui dans une œuvre de charité trouvent un moyen d'action criminelle. Quels sont ces hommes, et qu'ont-ils fait pour révéler que c'est cette pensée qui prévaut en eux, et non la charité ? Qu'a-t-on trouvé chez M. de Montmorency qui démontrât que sa pensée fût une pensée d'action, une pensée de troubler la paix ? Aucune preuve n'a été apportée ici. Quand vous alléguez des faits, vous ne prouvez rien; il faut pourtant, pour le convaincre de sa culpabilité, que vous apportiez des faits qui lui soient propres.

Mais il y a, dit-on, de la politique dans l'association de St-Louis, car elle invoque un haut patronage. Est-ce qu'il peut en être autrement ? qui trouve-t-on ? Des hommes qui par un dévouement aveugle ou prudent, sage ou insensé, ont gardé leur attachement à une cour. Que se passe-t-il ? La famille royale a des ressources très modiques dans l'exil; on ne sait pas peut-être que le Dauphin de France est sorti du pays n'ayant d'autre ressource que l'argent qu'il avait en caisse. Eh bien ! il arriva cependant des secours de ce pays-là, et j'ai déjà dit, dans le procès précédent, que la famille royale consacrait aux derniers serviteurs qui l'entourèrent des sommes considérables. Mais indépendamment de cela, des secours sont distribués en France. M. le comte de Chambord envoie chaque année aux associations; c'est ainsi qu'il a envoyé 10 mille francs à la souscription pour les inondations du Rhône, 10 mille francs pour la Martinique, et qu'il a consacré une partie des revenus du château de Chambord à secourir les victimes des désastres causés par la grêle dans le département de Loir-et-Cher.

Kirchberg, le 15 juillet 1839.

« Monsieur le marquis de Pastoret,

» Je viens d'apprendre tous les désastres que les orages ont causés dans plusieurs provinces du royaume, et particulièrement, dans le département de Loir-et-Cher. Un de mes plus grands regrets sur la terre étrangère est de n'avoir plus le pouvoir, le plaisir de secourir en France toutes les infortunes. Je veux du moins contribuer à réparer les malheurs qui ont frappé le département où est situé Chambord, Chambord qui m'est si cher, puisque je le tiens de la France. Je vous prie d'envoyer tout de suite, de ma part, *trois mille francs* à la commission formée, à Blois, pour la distribution des secours dans le département.

« Henri. »

Goritz, le 21 mars 1842.

« Monsieur le marquis de Pastoret,

« Je viens d'apprendre l'affreux désastre qui cause la ruine de la Guadeloupe, et je m'empresse de vous prier d'envoyer de ma part *cinq mille francs* aux personnes qui sont chargées de recueillir et de distribuer les secours. C'est seulement à la vue de tant de Français malheureux, de tant d'infortunes à secourir que je regrette de n'être pas plus riche. Je veux du moins que ma faible offrande témoigne de ma sympathie pour des malheurs dont la nouvelle m'a bien péniblement affecté.

» Je vous renouvelle, monsieur le Marquis, l'assurance de tous mes sentimens.

« Henri. »

Goritz, 17 avril 1845.

« Je suis charmé, mon cher duc, toutes les fois que je trouve une occasion de vous écrire. Aussi est-ce avec empressement que je profite de la connaissance qui vient de m'être donnée des heureux travaux de l'association de Saint-Louis, pour vous prier d'exprimer à tous ceux qui en font partie, la vive satisfaction que j'en éprouve. Vous savez toute la part que je prends aux succès d'une œuvre placée sous de tels auspices et si bien faite sous tous les rapports pour m'inspirer le plus vif intérêt. Non seulement j'apprécie son utilité, mais j'aime à y retrouver aussi la part de tous les bons Français qui contribuent à ses progrès, de nouvelles preuves de leurs sentimens envers moi. Qu'ils soient donc, de leur côté, bien convaincus de ma reconnaissance, comme vous, mon cher duc, en votre particulier, de ma constante et sincère affection.

« HENRI. »

L'Œuvre de Saint-Louis a demandé à M. le comte de Chambord qu'il voulût bien concourir à ses efforts; il a répondu qu'elle pouvait compter sur lui; et alors, en France, quand il s'agit de secourir des infortunes, et que ces secours doivent s'appliquer à des gens qu'on sait attachés à la famille royale, quel meilleur moyen d'encourager une pareille souscription que de proclamer que M. le comte de Chambord l'approuve ? La lettre qui contient cette approbation a été lithographiée et distribuée.

Est-ce là un acte de rébellion ? Evidemment l'association devait avoir pour premier patron le chef de cette famille, dont la charité est inépuisable; cela n'a pas été inutile, car les secours, venus de la terre d'exil, étaient abondans. C'est là un acte de dévouement qu'il faut admirer, mais non inculper.

On a parlé de la délibération sur les secours attribués à deux Vendéens. A la fin de 1843, M. le duc Des Cars présenta à l'assemblée une demande en faveur des Vendéens exilés pendant l'année 1844; 6,000 fr. ont été accordés. C'est là un objet spécial; cela a été accordé à ceux qui sont en exil; et l'on dit que cela est de nature à blesser la paix publique! Non! le pain qu'on envoie aux exilés ne doit pas troubler votre tranquillité. Quant au secours de 50 fr. accordé aux deuxVendéens, il a été pris sur le 20ᵉ de réserve. Sur la demande de M. le duc Des Cars, la société a appliqué une part de ses fonds aux Vendéens exilés, une part aux services de la maison dn Roi, et une part aux services en dehors de la maison du Roi, puis elle a réservé un 20ᵉ de ses ressources pour venir en aide aux accidens divers. Eh bien ! les deux réfractaires allaient dans le département du Nord chercher du travail. Réfractaire ! ce mot effraie beaucoup, surtout lorsqu'on parle de l'Ouest, mais lisons le dernier rapport du ministre de la guerre, et nous verrons que ce ne sont pas les départemens de l'Ouest qui offrent, à cet égard, les plus grandes proportions; le nombre des réfractaires, dans ces départemens, n'est pas égal au nombre de réfractaires qui se trouvent dans beaucoup d'autres départemens de la France.

Il y a en Vendée, comme dans d'autres parties de la France, des jeunes gens qui ne veulent pas servir; ils ont manifesté le désir d'éviter les peines que la loi inflige et de quitter la France pour aller en Belgique : on leur accorde un secours de 50 fr., et vous appellerez cela un fait politique ? La société entretient-elle un ferment de sédition parce qu'elle a accordé ce secours ? Non certes. Il n'est pas vrai que la Société de Saint-Louis doive être considérée comme une œuvre qui ne serait qu'un manteau de charité. Je le dis devant Dieu, il n'y a rien de plus vrai au monde que les sentimens de charité des membres de cette société ; dire que la sympathie pour ceux qu'elle secourt a un autre but, c'est dire une calom -

nie, c'est commettre une mauvaise action. Voyez, en effet, ses commissaires sont des hommes du monde, des jeunes gens qui, avec leurs habitudes, leur élégance vont dans les greniers visiter les vieillards, les femmes et les enfans, interroger la misère ; ils fon un rapport à la société, demandent des secours qu'ils vont ensuite porter dans les mansardes, sans se préoccuper de l'opinion des malheureux auxquels ils les distribuent. Je le répète, c'est une calomnie d'attribuer ces actes à autre chose qu'à la charité. (Mouvement prolongé.)

On songe toujours à la guerre civile, comme si elle était toujours prête à renaître, et ce mot d'association vendéenne ne manque jamais de rappeler une pensée de guerre civile. Est-ce bien de se laisser aller à de pareils mouvemens? Ils est vrai que la société a voulu secourir les gens qui ont pris part à l'ancienne Vendée et aux événemens de 1832, à cette guerre que Napoléon appelait la guerre des géants, et il s'y connaissait, cet homme! Oui, elle a voulu secourir celui qu'on avait surnommé le brave des braves.

Revenons aux comptes de M. de Montmorency : La vente totale des bustes a produit une somme de 4,175 fr. Il ne s'en est pas vendu un seul sans qu'il ait été porté sur les livres. Pendant les deux premières années, ils ont été vendus par M. de Niewerkerque, ensuite par M. de Robecq; il n'en a donc pas été vendu plus de 200. Mais, dit-on, cela est impossible; puisqu'on a donné 1,000 fr., au mouleur, c'est qu'on en a moulé d'avantage. C'est là un fait dont il est facile de se rendre compte; les moules coûtent 40 fr., et il y en a eu un grand nombre de cassés, puis il y a des moulages qui coûtent 5 fr., au lieu de 2 fr. ; vous voyez donc bien que vous arrivez ainsi à mon résultat.

Maintenant une telle vente n'est qu'une vente faite par un personnage honorable qui veut obtenir des secours pour des malheureux et non pour fomenter la rébellion, car alors ce n'est pas deux cents qu'on aurait vendus, mais plusieurs milliers ; on ne les aurait pas vendus aux riches , mais aux pauvres , et au-dessous même du prix de revient ; oui , Messieurs, c'est comme cela que je comprendrais qu'on voulût troubler la paix publique ; mais autrement, cela ne serait pas compréhensible. Vous verrez la liste , d'ailleurs, et vous lirez les noms de toutes les grandes familles.

Il n'y a donc, ni dans l'OEuvre de Saint-Louis, ni dans la souscription vendéenne, ni dans le moulage, ni dans la vente du buste de Mgr le duc de Bordeaux, il n'y a donc, dans tout cela, non la pensée de porter le trouble dans le pays, mais tout indique qu'on n'a eu pour objet que de secourir le malheur.

Mais, a-t-on dit, Bouteloup a vendu le buste en Vendée et à une époque qui démontre qu'il y avait dans cet acte une intention politique ; à cela, je répondrai que ce n'est pas seulement en 1843 et en Vendée que le buste a été vendu; il a été vendu dans sept départemens différens; mais, a-t-on ajouté, on a saisi trois lettres datées de la Vendée. Oui, mais ces lettres attestent que ces bustes ont été vendus ailleurs. Quant aux lettres qui attestent plus directement ce fait, on nous reproche de ne pas les produire. Mais est-ce à nous à les produire? Dans tous les cas, si l'accusation veut profiter de l'absence de ces lettres, ne semble-t-il pas que la même faveur devrait nous être acquise, car enfin, si elles étaient produites, elles viendraient à notre décharge.

Enfin j'avais dit, pour bien qualifier l'accusation, que si on voulait considérer comme criminel le fait de posséder l'image du duc de Bordeaux, il fallait supposer qu'il y avait eu une intention politique.

Je vous le répète, Messieurs, tout ce que vous avez à rechercher, c'est de savoir si M. de Montmorency a distribué ces bustes dans la pensée de propager l'esprit de rebellion, de troubler la paix publique. N'allez pas penser à Londres, à la Vendée : autrement vous mentiriez à vos consciences. N'incriminez point surtout ce que d'augustes personnages ont fait pour l'Œuvre de Saint-Louis jusque sur la terre de l'exil ; ce sont des actes de chrétiens et d'hommes qu'il faut respecter.

Le ministère public soutient que les emblèmes même sans insignes sont criminels. Non ! lorsqu'on veut faire considérer l'image d'une personne, qu'elle qu'elle soit, comme un emblème séditieux, il faut prouver au moins que la pensée qui a présidé à la distribution de cette image a été une pensée politique. S'agit-il d'un prince, s'agit-il d'Henri V..... puisqu'on l'appelle ainsi, il faut qu'on le montre revêtu de ses insignes. Je dirai à ce propos que M. l'avocat-général vous a dit à tort qu'on l'appelle de ce nom depuis peu de temps, depuis une année seulement. C'est une grande erreur.

On appelle Henri de France, Henri V, depuis 1830, depuis quatorze ans. Le Roi Charles X a abdiqué en faveur de son petit-fils, Henri V, dans des actes publics qui restent déposés aux archives de la chambre des pairs et de la chambre des députés. Il est Henri V, parce qu'il est le cinquième de ce nom ; qu'il lui plaise de voyager incognito à l'étranger sous la nom de comte de Chambord, il est toujours Henri V. C'est un nom qui lui appartient, et qu'on ne peut lui arrache ! Dans cette famille, il n'y a pas de noms, il n'y a que le prénom, qui est celui du saint qu'on prend pour patron dans le ciel ; et le chiffre, qui est celui du nombre de rois après lesquels on vient ! On n'est pas monsieur un tel, on est de la famille de France, dont la source se perd dans les origines de notre histoire. Il y aurait au bas de ces bustes : Henri V ! que ce ne seraient point encore des emblèmes séditieux.

A-t-il sur la poitrine l'ordre de ses aïeux, l'ordre de Saint-Louis ? est-il couvert du manteau royal ? Non. On envoie ses traits, ses traits seulement, parce qu'ils sont ressemblans, à ceux qui l'aiment, a ceux qui ont dans le cœur, si vous le voulez, des espérances, mais des espérances qui ne sont pas criminelles, des espérances dont on peut interdire l'expression sans avoir le droit de les rechercher jusqu'au fond des consciences.

Vendre cette belle et noble figure à ceux qui, dans le cœur, renferment des sentimens d'affection pour une famille dont l'origine se perd dans notre histoire, pour une famille dont le nom se mêle à toutes nos gloires, cela ne peut être un délit. Je comprends que, si on exprimait dans un écrit des espérances, l'auteur de cet écrit fût poursuivi, mais les sentimens d'espérance qu'on garde dans son cœur, vous ne pouvez les atteindre.

Ainsi ce n'est pas l'image qui est criminelle ; il faut qu'on le saisisse revêtue des insignes de la royauté, la couronne sur la tête, les ordres royaux sur la poitrine. On ne peut assimiler à ces emblèmes, dont la loi défend la distribution, de simples traits, dans leur noblesse et leur naïveté, reproduits par un homme de talent, pour être envoyés à des hommes de cœur qui les placent dans leurs foyers, où ils seront respectés par tout le monde, et vénérés par eux. Celui dont le seul crime est d'avoir distribué ces images, dans mon pays que je connais bien, et que j'aime surtout, parce que les opinions y sont libres, ne sera pas condamné ! (Vive sensation.)

M. le président. — Accusé, avez-vous quelque chose à ajouter à votre défense?

M. le prince de Robecq, — Non, monsieur le président.

M. le président.—Les débats sont terminés.

M. le président résume les débats.

A trois heures dix minutes, MM. les jurés, auxquels M. le président fait remettre les questions, entrent dans la salle de délibération. Ils en sortent cinq minutes après, et M. le chef du jury donne lecture d'un verdict négatif.

M. le président prononce l'acquittement du prince ; il est aussitôt entouré et vivement complimenté par ses nombreux amis, qui se pressent ensuite autour de M⁰ Berryer. L'illustre orateur reçoit les félicitations de ceux qui l'entourent, pour le beau triomphe qu'il vient d'obtenir.

Voici comment se sont exprimés au sujet de ce mémorable procès, divers organes de la presse indépendante :

LA FRANCE.

Encore une faute du pouvoir, encore un succès pour les royalistes. Le prince de Montmorency-Robecq a été acquitté par le jury !

L'opinion publique avait déjà flétri le scandale de ces visites domiciliaires opérées avec une brutalité sans exemple ; on s'était indigné dans toutes les opinions du motif de ce procès intenté au représentant d'une aussi grande maison. Cette affaire est apparue aujourd'hui sous son véritable jour. La parole franche, noble, énergique du prince de Robecq, la parole éloquente de M. Berryer, ont fait évanouir l'accusation, il n'est resté que les faits à la charge du pouvoir, c'est-à-dire l'intention d'incriminer les actes de la charité, de calomnier les plus nobles sentimens, de travestir les intentions les plus pures.

L'opinion royaliste était véritablement encause aujourd'hui, on voulait lui interdire les actes de charité; on voulait la montrer exploitant le malheur dans un but politique, et la déshériter de l'influence que donnent les bienfaits. M. Berryer a rétabli la vérité en rappelant ce qu'il avait déjà dit précédemment en défendant M. Charbonnier de la Guesnerie.

Avant l'audience tous les hommes qui tiennent à la dignité d'un nom illustre s'indignaient de voir un Montmorency obligé de s'asseoir sur le banc des prévenus; mais bientôt ils se sont applaudis de ce faux calcul du ministère public.

Le prince de Montmorency s'est montré digne de son nom et de cette grande race qui a toujours porté la même énergie dans l'accomplissement de ses devoirs, qui a déployé à toutes les époques un égal courage. La gloire et les revers l'ont trouvée inébranlable. Attachés au trône par les liens du sang, ils ont su, dans tous temps, compâtir à toutes les infortunes, et l'histoire a consacré ces paroles de l'un des membres de cette famille après un grand malheur : « *Je crois qu'il n'y a pas un être plus malheureux que moi dans l'univers : mais cette idée ne me rend pas insensible au triste sort des infortunés ; les moyens que j'ai de faire du bien, me tiennent lieu de consolation dans un temps où je ne puis et ne veux en recevoir de personne.*» Nobles paroles qui ont retenti dans le cœur du prince de Robecq, car c'est pour avoir mis en pratique ce sentiment de famille qu'il subissait *l'honneur* de comparaître devant le jury.

L'accusation était grave bien que la base en fût fragile. On reprochait à M. le prince de Robecq d'avoir, par des distributions de bustes de M. le comte de Chambord, *propagé l'esprit de rébellion et essayé de troubler la paix publique*. La distribution des bustes n'était point douteuse; les pièces de conviction encombraient la salle d'audience. L'image de M. le comte de Chambord, placée en face des jurés et de la cour, était une imprudence de plus de la part de l'accusation. Mais en présence des explications du prince de Robecq, , l'intention charitable ne pouvait être douteuse. Quant à l'intention politique elle n'a pas été niée non plus; M. Berryer s'est chargé de l'expliquer. Et nous n'exagérons pas en disant que dans cette circonstance la haute et châleureuse éloquence du grand orateur s'est surpassée elle-même.

M. Berryer n'est pas moins extraordinaire au barreau qu'à la tribune. C'est en s'identifiant avec ses amis qu'il combat les accusations dirigées contre eux. Leur cause devient sa cause, soit qu'il défende le génie d'un Châteaubriand ou la loyauté d'un Montmorency. Quant à nous, il ne nous est pas permis d'oublier le procès qui nous fut intenté à l'occasion des lettres que nous avions publiées, et l'acquittement qui suivit la plaidoirie écrasante de M. Berryer.

M· l'avocat-général Glandaz n'a pas été plus heureux que M. de Thorigny dans la précédente affaire. L'habileté et le talent ne lui ont pas manqué; mais la justice et le bon droit étaient d'une telle évidence, que le jury s'est déterminé à l'acquittement sans hésitation. Il est revenu aussitôt apportant un verdict favorable.

Désormais on ne pourra plus incriminer la bienfaisance, même lorsqu'elle a pour but de soulager des infortunes politiques. M. Berryer a prouvé que le prince, dont l'image servait à stimuler la charité publique, donne traditionnellement l'exemple par les sacrifices les plus généreux, et que toutes infortunes ont droit à ces secours venus de l'exil.

Il reste au ministère public une dernière ressource, en usera-t-il? Repoussé par le jury qu'il a lui-même appelé la justice du pays, osera-t-il porter devant un tribunal inférieur la même accusation sous une nouvelle forme? Essaiera-t-il de convertir le prétendu crime de M. le prince de Montmorency en contravention, et d'obtenir une condamnation correctionnelle pour des faits dont la défense a démontré l'honorable innocuité? Nous ne pouvons le croire.

Après avoir fermé l'oreille aux cris de l'indignation publique, on ne saurait méconnaître le caractère de l'acquittement qui vient d'être prononcé. Nous espérons que les magistrats, devant lesquels comparaîtrait M. de Montmorency, dans le cas où le pouvoir ne renoncerait pas à cette ridicule poursuite, imiteraient le jury et refuseraient de se prêter à une vengeance politique.

En résumé, cette journée a montré à la France ce que sont

les royalistes , leurs principes et leurs sentimens. Le descendant des Montmorency a soutenu par la fierté du langage et de
son attitude la dignité de son nom; de son banc d'accusé, il a fait
un nouvel appel à l'auditoire d'élite en faveur de l'œuvre incrimi-
née; il citait en quelque sorte à la barre de la bienfaisance les
nombreux amis qui l'entouraient.

Le jury, par un verdict spontané, a prouvé qu'en France on
comprend toujours la voix de l'honneur.

Le noble élan de M. le prince de Robecq a donné une nouvelle
impulsion à la charité, et de larges aumônes seront la meilleure
réponse à une accusation inouïe.

Nous devons ajouter que M. de Montmorency s'est refusé à
exercer son droit de récusation, bien que le ministère public en
ait usé largement...

L'ECHO FRANÇAIS.

« Le ministère qui avait échoué si honteusement dans le procès intenté à MM. Charbonnier de la Guesnerie et de Lespinois, s'était flatté
de prendre une revanche sur M. le prince de Montmorency ; mais le
jury a trompé les espérances de M. Martin (du Nord) et de son parquet.

M. de Montmenrency a été à la hauteur de son nom. Ses paroles
pleines de noblesse et de fermeté, obtiendront les sympathies même de
ceux qui ne partagent pas son opinion politique : car, en France, on
aime avant tout les hommes de cœur.

Il appartenait à M. Berryer de défendre M. de Montmenrency ; et nous
ne surprendrons personne en disant que l'avocat a été digne de son
client. »

LA GAZETTE DE FRANCE.

Le ministère a échoué aujourd'hui dans une tentative déjà jugée par
l'opinion publique. Le jury a acquitté M. le prince Gaston de Montmorency, qui a fait entendre des paroles pleines de noblesse et de fermeté.

Il est triste que des hommes qui ont exalté d'une manière si fastueuse
les princes et les ducs de l'aristocratie anglaise aient fait un pareil procès à un nom qui rappelle tant de glorieux souvenirs de notre histoire.

LA QUOTIDIENNE.

« M. le prince Gaston de Montmorency a été acquitté par le jury ; ce
résultat était facile à prévoir, le ministère seul ne l'avait pas prévu ; il a
été puni de son imprévoyance.

» Il a plu aux conseillers de Louis-Philippe de qualifier de rébellion
le fait de la vente de quelques bustes d'Henri de France ; le jury a refusé
de s'associer à cette pensée de colère, et le gouvernement n'aura recueilli de cette nouvelle tracasserie que le déplaisir d'entendre l'éloge
public de nos princes, de leur générosité , de leur bienfaisance; exemple auguste qu'il appartenait au prince de Montmorency de comprendre
et d'imiter.

» Tout le procès était là : rechercher les souffrances et les soulager ;
tirer parti de ce que le ministère public a appelé des emblèmes séditieux,
pour augmenter les fonds destinés à procurer du travail et du pain à des
royalistes, à des Français qui n'avaient ni pain ni travail; *panser les
blessés après la bataille*, comme l'a dit, avec tant d'énergie, le prince

de Montmorency, tel a été le but de l'œuvre honorable qui a valu à l'illustre accusé les honneurs d'une poursuite ministérielle. M. Berryer a déployé dans sa défense son talent habituel ; la première partie de son discours a détruit pièce à pièce l'accusation ; sa réplique a fait valoir toute la politique de ce procès, et donné de l'éclat à une cause dont le ministère voulait faire un obscur complot.

» L'avocat-général avait dit qu'un grand nom impose de grands devoir ; M. de Montmorency lui a répondu en protestant de son inviolable fidélité à ses devoirs et à ses sentimens royalistes. Cette réponse été tout à la fois de la part du prince une profession de foi digne de sa famille et une leçon adressée aux autres grands noms de la monarchie, qui ont oublié, en 1830, la noble maxime de M. l'avocat-général.

» En somme : les détails, le résultat de ce procès sont un échec pour les ministres : son intention a été une faute à ajouter à toutes celles que l'opinion publique leur reproche. »

LE CONSTITUTIONNEL.

« Ce procès a attiré une affluence inusitée. Déjà, en voyant circuler dans la cour du Harlay d'élégans équipages, on pouvait s'attendre à un nombreux et brillant auditoire. Seulement il n'y a point dans le prétoire ces banquettes de velours vert réservées d'ordinaire aux spectateurs aristocratiques. D'innombrables suppliques, dont la plupart portaient de grands noms, avaient été adressées à M. Zangiacomi. On lui demandait des billets. M. le président a refusé. Aussi, grâce à cette mesure digne d'éloges, le barreau oecupe en grand nombre les places qui lui sont destinées ; il a même envahi les bancs des accusés.

» On remarque, non sans quelque surprise, l'absence totale des nobles dames du faubourg Saint-Germain, qui n'avaient garde autrefois de manquer aux procès politiques. On conçoit, d'ailleurs, que la nécessité de faire *queue* à la porte de la cour d'assises, dès huit heures du matin, ait effrayé la plupart d'entre elles. Quelques-unes, néanmoins, plus intrépides que les autres, n'ont pas reculé devant cet obstacle. *Elles sont assises sur les bancs des témoins, au fond de l'auditoire. Elles pourraient se croire, au reste, dans leurs salons.* Autour d'elles se pressent presque toutes les notabilités légitimistes, parmi lesquelles on remarque M. le prince de Luxembourg, M. le comte de la Châtre, M. le comte de Brissac, M. le vicomte de Baulny, M. le duc de Fitz-James, M. de Coriolis, M. le comte Louis de Bourmont, M. le duc Des Cars, M. de Laborde, M. de La Rochejaquelein.

» On s'explique d'ailleurs aisément l'empressement de tous ces personnages du parti légitimiste. M. le prince de Robecq appartient en effet à la branche aînée des Montmorency, à celle des Montmorency-Fosseux, qui a seule le droit de porter les *armes pleines* de sa maison. Il est le descendant direct de ce valeureux chevalier dont la forteresse arrêta l'empereur Othon, en marche sur Paris à la tête de soixante mille hommes, et qui prit à la bataille de Bouvines douze drapeaux surmontés de l'aigle impériale : exploit merveilleux qui fit ajouter douze *alérions* aux quatre qui *cantonnaient* déjà le *champ d'or à la croix de gueules.*

» L'héritier de ce grand nom héraldique, M. Anne-Marie-Christian-Gaston de Montmorency, prince de Robecq, est né le 4 mai 1801. Il a servi avec distinction dans la garde royale. »

LA PATRIE.

On a remarqué hier, dans le procès de la cour d'assises, que M. le prince de Montmorency-Robecq n'avait récusé aucun juré, tandis que le ministère public avait fait huit accusations. Le jury a rendu son verdict au bout de cinq minutes. La presse entière avait désapprouvé ce procès.

9 782019 275662